Inhalt

Stammzellen - Wahlkampfthema in Deutschland und Italien

Autor GENIOS BranchenWissen: A.Schneider

Kernthesen

- Bundeskanzler Schröder macht mit seinem Plädoyer für eine Lockerung des Embryonenschutzgesetzes die bioethische Debatte zum Wahlkampfthema.
- In Italien scheitert die Liberalisierung der strengen "Legge 40" zur Bioethik und künstlichen Befruchtung an mangelnder Wahlbeteiligung.
- Das Robert-Koch-Institut in Berlin erteilt die zehnte Genehmigung für Experimente mit menschlichen embryonalen Stammzellen.

Beitrag

Bundeskanzler Schröder erhob mit seinem Plädoyer für eine Lockerung des Embryonenschutzgesetzes die bioethische Debatte um Stammzellenforschung zum Wahlkampfthema. In Italien scheiterte erst kürzlich die Liberalisierung der "Legge 40" zur Bioethik und künstlichen Befruchtung an mangelnder Wahlbeteiligung.

Kerndiskussion der Stammzellenforschung

In der weltweiten Debatte um die embryonale Stammzellenforschung findet sich eine Vielfalt von Interessen und Meinungen in Wissenschaft, Wirtschaft, Politik, Theologie, Philosophie, Ethik und Bevölkerung. Die Kernfrage ist, ob Embryonen als Menschen zu betrachten sind und einen strengen gesetzlichen Schutz genießen sollen. Denn: Um sogenannte "Linien" embryonaler Stammzellen als medizinische Studienobjekte oder zur Gewebezucht zu gewinnen, müssen zuerst wenige Tage alte, menschliche Embryonen im Reagenzglas abgetötet werden. Solche Embryonen können - aus wissenschaftlicher Sicht - entweder bei der künstlichen Befruchtung übrig bleiben und der

Wissenschaft zur Verfügung gestellt werden oder aber gezielt erzeugt werden, etwa durch das Klonverfahren. (1)
Diesen Bedenken steht das möglicherweise hohe positive Potenzial der Stammzellenforschung gegenüber: Die Wissenschaftler erhoffen sich unter anderem eine Heilung von Querschnittslähmung sowie die Möglichkeit, zerstörte Organe nachwachsen zu lassen. (2)

Europaweit lediglich Rechtsrahmen gesteckt

Die Europäische Union hat mit der Richtlinie 90/219 EC für einen europaweit gleichen Rechtsrahmen gesorgt. Die Umsetzung in nationales Recht ist dennoch von Land zu Land verschieden.
Die deutschen Gesetze, die 2002 vom Bundestag verabschiedet wurden, verbieten das Klonen von Embryos zu Forschungszwecken. Embryonen im Reagenzglas dürfen nur zum Zweck der Fortpflanzung gezeugt werden. In Deutschland darf lediglich an einigen embryonalen Stammzelllinien geforscht werden, die vor dem 1. Januar 2002 gewonnen wurden. Ziel dieser Stichtagsregelung ist es, einer Nutzung immer neuer Embryonen zu Forschungszwecken vorzubeugen. Deutsche Forscher

importieren seither aus Amerika und anderen Ländern Stammzellen, die vor dem Stichtag gewonnen worden sind. (1), (3)

Weitere sieben Länder der EU, darunter Italien, haben ebenso strenge Gesetze. Nur Großbritannien, Schweden, Belgien und demnächst vielleicht auch Spanien erlauben das Forschungsklonen.

In Südkorea, den USA, Israel oder Australien ist weitergehende Forschung möglich. (4), (5)

Stammzellen im Wahlkampf

In den letzten Wochen ist in Deutschland und Italien ein regelrechter "Wahlkampf" um die Stammzellenforschung entbrannt.

Italien: uneins und unentschieden

Der in Italien am 12. und 13. Juni mit hohen Emotionen ausgetragene Wahlkampf um die "Legge 40", eines der restriktivsten Gesetze zur Bioethik und künstlichen Befruchtung in Europa, ging ernüchternd zu Ende. Er scheiterte (erwartungsgemäß?) an mangelnder Wahlbeteiligung. Nur 26 Prozent der rund 44 Millionen wahlberechtigten Italiener outeten sich durch ein klares "ja" oder "nein". Die überwiegende Mehrheit enthielt sich. Ob aus mangelndem Interesse, aus Politikverdrossenheit, aus Überfordertsein angesichts der medizinisch-wissenschaftlich-moralisch-menschlichen Komplexität des Themas, aus Bequemlichkeit, aus Nichtbetroffensein, aus Papsttreue das weiß nur jeder einzelne. Vielleicht war ja auch das Wetter zu gut oder zu schlecht, um zur Wahl zu gehen.Uneins und unentschieden war Italiens Volk. Uneins und unentschieden waren auch die politischen Parteien. Und nicht einmal Silvio Berlusconi sah sich in der Lage, eine Entscheidung zu treffen und äußerte sich nicht. Na, und wenns nicht mal der Ministerpräsident weiß (8)

Nach dem bestehenden Gesetz ist die künstliche Befruchtung nur bei Ehepaaren oder fest zusammenlebenden heterosexuellen Paaren erlaubt. Das Material zur Befruchtung mit Ei- oder Samenzellen muss von dem Paar selbst stammen, nicht von Dritten oder aus Samenbänken. Es dürfen maximal drei Eizellen im Reagenzglas befruchtet werden, eine Untersuchung etwa auf Gendefekte ist untersagt. Das Einfrieren von Embryonen, die laut Gesetz bereits die Rechte eines menschlichen Wesens haben, ist nicht zulässig. Die Forschung an embryonalen Stammzellen ist verboten. Bei einer

Mehrheit der Ja-Stimmen hätten diese Klauseln aufgehoben werden müssen. Die künstliche Befruchtung und Embryonenforschung wäre dadurch liberalisiert worden.

Für eine Lockerung warben die rabiate Bürgerrechtspartei der Radikalen als Initiator des Gesetzes, Vertreter der entsprechenden Sparten der Industrie, Frauengruppen, liberale Bürgerverbände, die Kommunisten sowie die exkommunistische Linke. Der prominente Krebsforscher und Exminister Veronesi trat in vorderster Front für das Recht auf medizinische Versuche an Stammzellen ein. Gegen eine Lockerung stellte sich die katholische Kirche: die römischen Bischöfe und der Papst selbst riefen zum Boykott auf. Die einstige Parlamentspräsidentin und derzeitige Fernsehmoderatorin Irene Pivetti beklagte gar, selbst das bestehende Gesetz sei ihr als Gegnerin jedweder künstlichen Befruchtung noch zu lax.

Die "Legge 40" war eine Reaktion auf gewisse Exzesse in der italienischen Fortpflanzungsmedizin. So hatten Ärzte Frauen im Alter von mehr als 60 Jahren zu Schwangerschaften verholfen - in einem Fall mit dem tiefgefrorenen Samen eines seit langem gestorbenen Mannes. Zudem verkündeten italienische Mediziner, als erste in der Welt Menschen klonen zu wollen. Weiterführend: (21), (22), (23), (24), (25), (26), (27)

Deutschland: rot gegen grün, schwarz gegen gelb

Auch in Deutschland herrscht in der aktuell neu entflammten Diskussion um die Stammzellenforschung Uneinigkeit. Zwar ist die "Lagerordnung der Bioethik" (9) nicht komplett, aber tendenziell sind SPD und FDP einer Lockerung der bisherigen strengen Regeln freundlicher gesonnen, CDU/CSU und Grüne stellen sich dagegen.

SPD

: Schröder hatte anlässlich der Eröffnung eines Zentrums für molekulare Biowissenschaften und der Verleihung der Ehrendoktorwürde an ihn einen Vorstoß für die Liberalisierung der Forschung mit Stammzellen in Deutschland unternommen. Solange die Chance bestehe, Leiden zu lindern und noch unheilbare Krankheiten bekämpfen zu können, gebe es die Pflicht, die Forschung sowohl der adulten wie der embryonalen Stammzellen zu nutzen. Der Kanzler hat volle Rückendeckung und Unterstützung von Clement, trifft aber auch bei seinen Genossen auf

Widerstand. (10)

Grüne:

Künast & Co. äußern starke ethische Bedenken gegen eine Lockerung der deutschen Gesetze zur Stammzellenforschung und halten die bisherigen Regelungen für angemessen. Ob wohl jüngste Äußerungen pro Liberalisierung von Daniel Cohn-Bendit einige Grüne zum Nachdenken anregen? (11)

CDU/CSU

: Die Union will zwar der Biotechnologie staatliche Rückendeckung geben, sie nicht mit Forschungs- und Anwendungsverboten hemmen und die Gentechnik in der Landwirtschaft stärker einsetzen. In Sachen Embryonenschutz und Stammzellenforschung fährt sie aber einen strengen Kurs. Totale parteiliche Geschlossenheit scheint auch hier nicht zu herrschen: Auf Europaebene gibt es auch anders lautende Meinungen. Und ob die Kanzlerkandidatin Angela Merkel diesen Kurs voll und ganz fährt, bleibt derzeit noch ein Rätsel, da sie sich noch nicht festgelegt hat. (1), (12), (13), (14)

FDP:

Westerwelle geht am weitesten. Er tritt für eine liberale Biopolitik, für eine Abschaffung der Stichtagsregelung und für das therapeutische Klonen ein. Im August, also in der Hochphase des Wahlkampfes, will die FDP-Bundestagsfraktion einen weiteren Gesetzentwurf vorlegen, der die weitgehende Abschaffung des bisherigen Embryonenschutzes und sogar das Klonen zu medizinischen Zwecken erlauben würde. (3)

Der Papst dagegen, das Volk dafür?

In Italien und in Deutschland ließen Papst und Bischöfe wissen, dass eine liberale Stammzellenforschung mit ihnen nicht zu machen sei. Sie widerspreche dem biblischen Menschenbild, das jede Instrumentalisierung menschlichen Lebens ausschließe. Die deutsche Bevölkerung scheint liberaler. Eine Umfrage der Forschungsgruppe Wahlen im Auftrag des ZDF-Magazins "Frontal 21" ergab, dass 40,6 Prozent der Bundesbürger für eine Lockerung der gesetzlichen Regelungen sind. 28,3 Prozent sind demnach dagegen, der Rest ist unentschieden. Vor allem Männer (49,9 Prozent) befürworten eine Liberalisierung, während Frauen der Stammzellenforschung kritischer gegenüberstehen. (15)

Pro und Contra Lockerung der aktuellen Gesetzgebung

Verlockend

Die embryonale Stammzellenforschung lockt langfristig mit neuen Ansätzen zur Therapie unheilbarer Krankheiten wie Diabetes, Alzheimer, Parkinson, Krebs oder Multiple Sklerose. (3), (4) Die Befürworter einer Lockerung der aktuellen strengen Gesetzgebung in Deutschland warnen davor, dass wir andernfalls international den Anschluss an die Fortschritte in der Bio- und Gentechnik verlieren. Die Stichtagsregelung koppele deutsche Forscher von den neuen, leistungsfähigeren Zellkulturen ab, die in der ganzen Welt in Umlauf gebracht werden. (1), (15), (10) Die deutsche Gesetzgebung motiviere deutsche Forscher, sich im Ausland an Arbeiten mit bestehenden Stammzellen zu beteiligen und dort

Kollegen anzustiften, embryonale Stammzellen zu gewinnen. (3)

und abschreckend

Die Gegner äußern ethische Bedenken und befürchten, dass das sogenannte therapeutische Klonen zur Ausbeutung der Frauen in ärmeren Ländern als Eizellspenderinnen führt. (16), (17) Noch bewegt sich die Wissenschaft in der Grundlagenforschung und kämpft dort mit gravierenden Problemen, wie zum Beispiel die krebsartige Entartung der embryonalen Stammzellen. Es ist unklar, ob das therapeutische Klonen jemals seine Versprechungen einlösen könne. (17), (16), (5) Abschreckend wirken auch die Medikamentenskandale der Biotechnologie der jüngsten Vergangenheit. Paradebeispiel ist der amerikanische Pharmakonzern Merck & Co., der viele vielversprechende Forschungsprojekte einstampfte und einen wichtigen Umsatzträger, das Schmerzmittel Vioxx, vom Markt nehmen musste. (18)

Fazit

Die positiven Aussichten der Stammzellen- und Embryonenforschung sind ohne Zweifel verlockend. Durchaus nachvollziehbar ist daher die Einstellung von Bundeskanzler Gerhard Schröder: "Solange die Chance besteht, heute noch unheilbare Krankheiten bekämpfen zu können, haben wir die Pflicht, diese Forschung zu nutzen."

Andererseits: Bei der Embryonenforschung geht es um essentielles, nämlich um den Menschen. Dürfen wir alle Möglichkeiten ausschöpfen, die sich uns bieten, um das Leben und die Zukunft des Menschen zu verbessern? Dürfen wir darauf setzen, dass alle Beteiligten verantwortungsvoll mit Potentialen und Ergebnissen der Forschung umgehen? Dürfen wir darauf vertrauen, dass die Menschenwürde und der Schutz des Lebens eines Tages den Verlockungen der Macht des Klonens anheim fallen?

Fallbeispiele

In Deutschland aktuell zehnte Genehmigung erteilt

Der Rechtslage entsprechend wird in Deutschland restriktiv mit der Genehmigung für Forschungsprojekte mit embryonalen Stammzellen verfahren. Zuständig ist das Robert-Koch-Institut in Berlin. Die zehnte Genehmigung ging kürzlich an Oliver Brüstle vom Institut für Rekonstruktive Neurobiologie des Bonner Universitätsklinikums. In dem Projekt sollen die Vermehrung der Stammzellen standardisiert und neue Verfahren erarbeitet werden, mit denen bestimmte Typen von Nervenzellen und Nervenvorläuferzellen in besonders hoher Reinheit gewonnen werden können. Diese ist Voraussetzung für eine mögliche spätere Anwendung in der Zellersatztherapie. (6)
Insgesamt zehn solcher Projekte hat das Robert-Koch-Institut in Berlin bislang genehmigt. Die Forscher müssen in ihren Anträgen die Wichtigkeit ihres Vorhabens belegen und nachweisen, dass es zur Arbeit mit embryonalen Stammzellen keine Alternative gibt.

ProteoSys, bislang einziges deutsches Unternehmen in der Stammzellenforschung

Das bislang einzige kommerzielle Unternehmen, das in Deutschland mit embryonalen Stammzellen arbeitet, ist die Mainzer Biotech-Firma ProteoSys. Ziel ist die Entwicklung neuer Testverfahren, um herauszufinden, ob ein Arzneimittel Risiken für Schwangere und ihre ungeborenen Kinder birgt. In drei bis fünf Jahren wird mit ersten marktreifen Produkten gerechnet. (7)

Weltgrößter Biotech-Konzern Amgen

Amgen misst der Zukunft der Stammzelltherapie große Bedeutung bei und hat großes Interesse an dem gesamten Gebiet. Es wurden daher strategische Investitionen in Firmen getätigt, die sich für solche Dinge interessieren. In die Forschung mit embryonalen Stammzellen steigt Amgen selbst zwar voerst nicht ein, allerdings erhielt beispielsweise die Firma Viacell 2004 von Amgen eine finanzielle Unterstützung von über 20 Mio. $ für seine Stammzellforschung.(28)

Stammzellen unter der Lupe

Unter http://www.br-online.de/wissen-bildung/thema/stammzellen/gesetz.xml stellt br-online unter "Wissenschaft im Radio" vieles Wissenswertes und weitere Links zum Thema "Stammzellen" vor. (19)

Südkorea erzielt bereits Erfolge

Forschern in Südkorea war es kürzlich erstmals gelungen, embryonale Stammzellen von Kranken zu klonen. Das eigentlich Neue bestand darin, dass sie zur Herstellung eines geklonten Embryos nicht mehr 200 menschliche Eizellen, sondern "nur" 14 brauchten. Weiterführend: (20) , (17)

Zahlen & Fakten

Embryo

Ein Embryo ist ein menschliches Lebewesen in der Frühphase seiner Entwicklung.

Stammzellen embryonale Stammzellen adulte Stammzellen (2), (17)

Stammzellen sind teilungsfähige Körperzellen, die noch nicht ausdifferenziert sind. Das heißt, sie liegen noch nicht in einer Form vor, die sie für ihre

Verwendung im Organismus spezialisiert (zum Beispiel als Hautzelle oder Leberzelle), sondern ihre spätere Verwendung ist noch offen. Aus Stammzellen können also durch Teilung weitere Stammzellen oder ausdifferenzierte Zellen hervorgehen.

Es gibt 2 Formen von Stammzellen: embryonale Stammzellen (ES-Zellen) und adulte Stammzellen.

Embryonale Stammzellen werden aus menschlichen Embryonen gewonnen.

Adulte Stammzellen entstehen nach dem embryonalen Stadium: Aus diesen Zellen werden während der Lebensphase des Organismus spezialisierte Zellen gebildet. Adulte Stammzellen, die in Organen (besonders im Knochenmark, aber auch im Fettgewebe, in der Nabelschnur und im Nabelschnurblut, im Gehirn, der Leber oder der Bauchspeicheldrüse), zu finden sind, können sich aber nicht so frei spezialisieren wie embryonale Stammzellen und sind letzteren hinsichtlich ihres Differenzierungspotentials unterlegen.

Adulte Stammzellen haben schon vielen Patienten geholfen. Es gibt etablierte Verfahren zur Behandlung von Leukämie (Blutkrebs) und zum Ersatz von verbrannter Haut oder zum Neuaufbau von geschädigtem Knorpel und Knochen.

Vielversprechende klinische Versuche gibt es auf dem Feld des Herzinfarkts und sogar schon bei Erkrankung des zentralen Nervensystems wie Parkinson.

Therapeutisches Klonen

Dabei wird im Reagenzglas ein Embryo erzeugt, dessen Zellen die genetischen Eigenschaften eines Kranken haben. (4)

Weiterführende Literatur

(1) Den Konsens verlassen
aus Frankfurter Allgemeine Zeitung, 14.06.2005, Nr. 135, S. 8

(2) www.wikipedia.de
aus Frankfurter Allgemeine Zeitung, 14.06.2005, Nr. 135, S. 8

(3) FDP will das therapeutische Klonen in Deutschland erlauben Schwarz-gelbe Differenzen bei Stammzellen
aus DIE WELT, 10.06.2005, Nr. 133, S. 4

(4) Kanzler prescht bei Forschung an Stammzellen vor Schröder tritt Streit zwischen Unionsparteien und FDP los

aus Financial Times Deutschland vom 15.06.2005, Seite 1

(5) Dr. gen. Gerhard Schröder
aus Süddeutsche Zeitung, 15.06.2005, Ausgabe Deutschland, S. 4

(6) Stammzellreinigung
aus Frankfurter Allgemeine Zeitung, 13.06.2005, Nr. 134, S. 30

(7) Forscher in Fesseln Bei der Entwicklung von Therapien mit embryonalen Stammzellen behindern restriktive Gesetze die Forschung in Deutschland. Jetzt sollen die Regelungen liberalisiert werden - um den riesigen Zukunftsmarkt zu erschließen
aus DIE WELT, 15.06.2005, Nr. 137, S. 3

(8) Referendum über künstliche Befruchtung in Italien gescheitert
aus Frankfurter Allgemeine Zeitung, 14.06.2005, Nr. 135, S. 6

(9) Endlich klare bioethische Fronten
aus DIE WELT, 15.06.2005, Nr. 137, S. 14

(10) Schröder für "Forschung ohne Fesseln"
aus Frankfurter Allgemeine Zeitung, 15.06.2005, Nr. 136, S. 1

(11) Künast gegen Lockerung der Regeln in der Stammzellenforschung
aus DIE WELT, 16.06.2005, Nr. 138, S. 4

(12) Schröder will Genforschung liberalisieren "Den Anschluß nicht verpassen" - Grüne: "Kannibalismus" aus DIE WELT, 15.06.2005, Nr. 137, S. 1

(13) Schröder fordert Forschung "ohne Fesseln" aus Süddeutsche Zeitung, 15.06.2005, Ausgabe Deutschland, S. 1

(14) Wir sind nun einmal eine Wucherspezies aus Süddeutsche Zeitung, 16.06.2005, Ausgabe Deutschland, S. 15

(15) Becker, Markus, Schröders Stammzellen-Vorstoß löst Empörung aus, www.spiegel.de aus Süddeutsche Zeitung, 16.06.2005, Ausgabe Deutschland, S. 15

(16) "Schröder spaltet die SPD" aus Süddeutsche Zeitung, 16.06.2005, Ausgabe Deutschland, S. 8

(17) Eher wird ein Baby geklont als ein Kranker geheilt aus Frankfurter Allgemeine Zeitung, 16.06.2005, Nr. 137, S. 8

(18) Forscher mit Glückssträhne aus Frankfurter Allgemeine Zeitung, 11.06.2005, Nr. 133, S. 17

(19) http://www.br-online.de/wissen-bildung/thema/stammzellen/gesetz.xml aus Frankfurter Allgemeine Zeitung, 11.06.2005, Nr.

133, S. 17

(20) Stammzellen von Kranken geklont
aus netzeitung.de vom 19.05.2005

(21) Volksabstimmung
aus Frankfurter Allgemeine Zeitung, 14.06.2005, Nr.
135, S. 1

(22) Italien diskutiert nach Referendum über den
Einfluss des Vatikans Kampagne der Kirche bringt
Bioethik-Volksabstimmung zum Scheitern · Liberale
Gruppen fordern einfachere Regeln bei künstlicher
Befruchtung
aus Financial Times Deutschland vom 14.06.2005,
Seite 16

(23) Bioethik-Referendum in Italien gescheitert
aus Süddeutsche Zeitung, 14.06.2005, Ausgabe
Deutschland, S. 8

(24) Geringes Interesse an Referendum zur Bioethik in
Italien
aus DIE WELT, 13.06.2005, Nr. 135, S. 5

(25) Referendum zu Bioethik spaltet Kirche und
Wähler in Italien Benedikt XVI. stößt Wertedebatte
weiter an
aus DIE WELT, 11.06.2005, Nr. 134, S. 5

(26) Mobilisierungstest
aus Frankfurter Allgemeine Zeitung, 10.06.2005, Nr.
132, S. 31

(27) Zank über künstliche Befruchtung spaltet Italien aus Süddeutsche Zeitung, 11.06.2005, Ausgabe Deutschland, S. 7

(28) Amgen prüft Einstieg ins Geschäft mit Stammzellen Weltgrößter Biotech-Konzern zeigt Interesse an medizinischem Zukunftsmarkt · FTD-Interview mit Forschungschef Roger Perlmutter aus Financial Times Deutschland vom 10.06.2005, Seite 8

Impressum

Stammzellen - Wahlkampfthema in Deutschland und Italien

Bibliografische Information der deutschen Nationalbibliothek

Die Deutsche Nationalbibliothek verzeichnet diese Publikation in der deutschen Nationalbibliografie; detaillierte bibliografische Daten sind im Internet über http://dnb.d-nb.de abrufbar.

ISBN: 978-3-7379-2208-1

© 2015 GBI-Genios Deutsche Wirtschaftsdatenbank GmbH, Freischützstraße 96, 81927 München, www.genios.de

oder ähnliche Einrichtungen und die Einspeicherung und Verarbeitung in elektronischen Systemen.